CONSEJOS ESENCIALES

101

DECORACIÓN

CONSEJOS ESENCIALES

DECORACIÓN

Nicholas Barnard

E J

EDITORIAL JUVENTUD
Provença, 101- Barcelona

A DORLING KINDERSLEY BOOK

Título original:
101 ESSENTIAL TIPS
HOME DECORATING
Copyright © 1996 Dorling Kindersley Limited, London

Copyright © de la traducción española:
EDITORIAL JUVENTUD, 1997
Provença, 101 - 08029 Barcelona

Primera edición 1997
ISBN 84-261-3017-8
Núm. de edición de E. J.: 9.405

TRADUCCIÓN
Mireia Porta i Arnau

DISEÑADOR GRÁFICO
Agustín Romero

CONSEJOS ESENCIALES

PREPARATIVOS PARA PINTAR

1 ¿POR QUÉ SE PINTA?

Pintar es una forma fácil, económica y muy efectiva de decorar. Actualmente existen muchas clases y colores de pintura, así como de acabados. El color de una pared puede determinar el carácter de la habitación; un tono claro le conferirá espacio a un cuarto pequeño, mientras que uno oscuro hará que una estancia grande se vea más acogedora. La pintura también disimula los desperfectos de las paredes y techos.

LA PINTURA ES FÁCIL Y RÁPIDA DE USAR

2 ¿CUÁNTA PINTURA?

Para calcular la cantidad que necesita, lea las instrucciones teniendo en cuenta la cantidad de capas requerida y la clase de superficie; una superficie porosa, por ejemplo, requerirá más pintura que una que no lo sea. Las pautas son:
- Divida la estancia en unidades del mismo color o clase de pintura.
- Multiplique la altura por la anchura de cada unidad.
- Sume los totales.

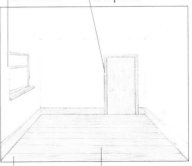

Calcule la pintura para las molduras

Añada una tercera parte para las molduras de la puerta

Calcule dos capas de barniz para el suelo

Multiplique el largo y ancho del suelo para saber el techo

3 UTENSILIOS

Merece la pena gastar un poco más e invertir en un equipo de buena calidad, sobre todo brochas y rodillos.

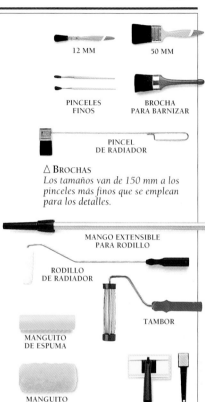

12 MM   50 MM

PINCELES FINOS   BROCHA PARA BARNIZAR

PINCEL DE RADIADOR

△ **BROCHAS**
Los tamaños van de 150 mm a los pinceles más finos que se emplean para los detalles.

MANGO EXTENSIBLE PARA RODILLO

RODILLO DE RADIADOR

TAMBOR

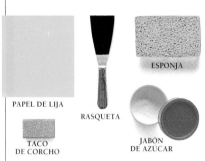

PAPEL DE LIJA

RASQUETA

ESPONJA

TACO DE CORCHO

JABÓN DE AZÚCAR

△ **PREPARACIÓN DE SUPERFICIES**
La correcta preparación de las superficies le ahorrará repetir el trabajo.

CUBETA PARA RODILLO

TARRO DE CRISTAL   CUBO

△ **RECIPIENTES**
Trasvase cuanta pintura necesite en un cubo.

MANGUITO DE ESPUMA

MANGUITO DE LANA

ALMOHADILLAS

△ **RODILLOS Y ALMOHADILLAS**
Las grandes superficies se pintan mejor con rodillo o almohadilla que con brocha.

OTROS UTENSILIOS ▷
Use un trapo sin pelusa para limpiar las superficies, aguarrás para quitar pintura, una gasa y una varilla de madera para prepararla y un cuchillo romo para abrir la lata.

TRAPO SIN PELUSA

VARILLA DE MADERA

CUCHILLO ROMO

CINTA ADHESIVA

AGUARRÁS

MUSELINA

4 CONSIDERAR EL TIPO DE SUPERFICIE

Cada superficie requiere su tratamiento.
La madera desnuda se lija y se le aplica
una imprimación; en cambio la madera
teñida debe tratarse con un decolorante.
La textura de la superficie influye en
el carácter de una estancia; un acabado
liso, por ejemplo, es menos apropiado
para una casa vieja.

YESO
*Cepille e imprima la
superficie con pintura
plástica diluida.*

LADRILLO
*Cepíllelo y
aplíquele pintura
de exteriores.*

ENLUCIDO
*Lije y selle con
un estabilizante. Pinte
con pintura plástica.*

PAPEL
*Es mejor arrancarlo,
si no es vinílico puede
pintarse encima.*

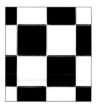

AZULEJOS
*Si no quiere
arrancarlos, aplique
brillo o esmalte.*

MADERA TEÑIDA
*Decape, selle,
lije y déle una
capa base*

5 SUPERFICIE EN BUEN ESTADO

Una superficie pintada que está en buen
estado, normalmente requiere un estriado
(raspar la superficie para que la pintura se
adhiera) y un lavado. Para estriar la pintura
existente, lije con papel de lija de grano
mediano o fino, lo que servirá para poner al
descubierto las grietas que hay que rellenar
(*véase p. siguiente*). También se puede lavar
con una esponja untada con jabón de
azucár, aunque es más difícil encontrarlo.
Si no hay grietas, seque la superficie con
un trapo sin pelusa.

ESTRÍE LA SUPERFICIE

6 SUPERFICIE DESCONCHADA

Si una pared pintada está en malas condiciones, o la pintura está desconchada, habrá que rascarla con una rasqueta ancha antes de pintar. Si la pintura no se va, aplique un decapante. Cuando la superficie esté limpia, alísela con un taco de corcho envuelto en papel de lija de grano mediano. Si la superficie había estado pintada con pintura al temple, séllela con una solución estabilizante después de haberla lijado.

LIJE LA SUPERFICIE

7 TAPAR GRIETAS Y AGUJEROS

Para obtener un acabado de profesional, hay que rellenar incluso las grietas y pequeños agujeros. La masilla se compra ya preparada o en polvos que hay que mezclar antes. Consulte siempre las instrucciones del fabricante antes de preparar la pasta. Se seca aproximadamente a los 30 minutos. Rellene los huecos grandes con varias capas de masilla si es necesario. Después del relleno, lije la superficie. Si prepara usted mismo la mezcla, se ahorrará un trabajo posterior si forra el recipiente con una bolsa de plástico porque cuesta mucho de limpiar.

1 Empiece quitando cualquier residuo suelto con una brocha pequeña.

2 Humedezca el hueco con una pequeña brocha mojada para facilitar la adherencia de la masilla.

3 Aplique la masilla con una espátula. Déjela secar entre capas. Quite la sobrante.

4 Moje la hoja de la espátula y alísela. Cuando se seque, frote con un papel de lija de grano fino.

8 PREPARAR LA PINTURA

La pintura de un bote ya abierto puede estropearse por la suciedad o formar una película en la superficie. Para evitar cualquier contaminación, siempre tápelo después de usarlo y guárdelo boca abajo.

1 ▷ Pase una brocha pequeña por el borde del bote para que al abrirlo no caiga polvo en la pintura.

2 Con el borde de un cuchillo romo vaya haciendo palanca alrededor de la tapa hasta que salte.

3 Remueva bien la pintura con una varilla de madera para darle uniformidad al color.

9 ¿POR QUÉ USAR UN CUBO?

Es más conveniente trabajar con un cubo que con un bote porque se puede trasvasar sólo la pintura que necesita en una vez y, si lleva una asa, se puede colgar de una escalera. Después de mezclar la pintura, vierta tanta pintura como necesite en el cubo. Si lo forra con papel de aluminio antes de llenarlo le costará menos quitar la pintura, sobre todo la de aceite. Coloque el papel con la cara brillante hacia arriba.

FORRADO DE PAPEL DE ALUMINIO

10 COLAR LA PINTURA

Cuele la pintura si ve rastros de suciedad en ella o si se ha formado una película en la superficie. Con un bote nuevo no hace falta.

1 Recorte el contorno de la película con la punta de un cuchillo. Empújela a un lado de la lata.

2 Tense un trozo de gasa o una media vieja encima del cubo y viértale la pintura. Guarde la pintura en un tarro hermético.

11 PREPARAR LA BROCHA

Emplee una brocha ancha o un rodillo para grandes superficies y un pincel fino para las zonas difíciles. Se venden brochas de muchos tamaños intermedios.

1 Use las brochas nuevas sólo para imprimir porque pueden soltar cerdas. Sacuda la brocha para eliminar la suciedad.

2 Sumerja la brocha en la pintura hasta que ésta cubra la tercera parte de las cerdas. Eliminar el exceso de pintura.

PINTAR TECHOS Y PAREDES

12 SECUENCIA DE TRABAJO

Retire los muebles y los cuadros o colóquelos en el centro de la estancia y cúbralos con algo que haga de funda guardapolvos. Quite los apliques desmontables de las paredes, si es posible, y tape los enchufes e interruptores con bolsas de plástico. Proteja el suelo con guardapolvos. Ahora limpie y prepare las superficies por pintar. Empiece por el techo, luego las paredes y termine con la carpintería.

Proceda desde la fuente principal de luz   *Empiece por el techo*

13 APLICAR LA PINTURA PLÁSTICA

Esta pintura es ideal para techos y paredes, se encuentra en acabado mate o satinado. Es soluble al agua y se seca con rapidez.

1 △ Pinte zonas de unos 60 cm² con brochazos ligeros y cruzados. No aplique demasiada pintura.

2 ◁ Acabe con un brochazo hacia arriba. Pase a la zona continua. No aplique más capas hasta que se seque la primera.

14 PERFILAR

Perfilar consiste en separar dos colores en una línea bien definida donde se encuentran. Se emplea, por ejemplo, cuando se quieren pintar las paredes de un color distinto al techo. Espere a que se haya secado bien la pintura del techo; después, sujete la brocha paralelamente al techo y a corta distancia del mismo, presiónela contra la pared abriendo las cerdas. Trabaje la pared empujando la pintura hasta la arista.

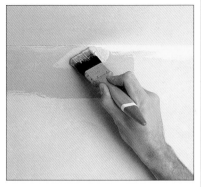

PERFILAR EL TECHO

15 RECORTAR

Pintar alrededor de marcos de puertas y ventanas se conoce como recortar. Cuando se han trabajado todos los bordes de esta manera, se procede con el resto de la estancia y se mezcla la pintura fresca con los bordes que ya están pintados.

1 △ Con una brocha pequeña, pinte franjas estrechas de unos 2,5-5 cm de ancho perpendicularmente al marco. Deje un hueco entre las franjas y el borde de la junta.

2 ◁ Pinte una línea paralela al marco sobre las franjas de color. Asegúrese de que las cerdas pasan cerca del marco para crear una línea bien definida.

16 PINTAR CON RODILLO

Los rodillos sirven para las grandes superficies y tienen tamaños y texturas diferentes. Los manguitos de espuma y mohair están indicados para cubrir superficies lisas, mientras que los de lana y sintéticos se emplean para superficies rugosas. Recorte los extremos antes de pintar la pared (*véase p.15*).

1 △ Los rodillos sirven más bien para aplicar pintura plástica ya que cuesta quitar la pintura al aceite del manguito. Vierta pintura en una cubeta para rodillos limpia y seca.

2 ◁ Moje el rodillo en la pintura de la cubeta y hágalo rodar arriba y abajo por la parte inclinada de la cubeta hasta que quede bien empapado.

3 Aplique la pintura de manera aleatoria pasando el rodillo de arriba abajo y de lado a lado. Aproveche bien la pintura y procure que el rodillo no resbale por la pared.

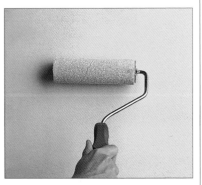

4 Para terminar una zona levante el rodillo tras una pasada hacia arriba. Cuando proceda a una zona contigua, páselo por los bordes húmedos para que se mezcle. Procure no salpicar pintura en el parquet.

17 PINTAR CON ALMOHADILLA

Las almohadillas son intercalables con los rodillos. Resultan ideales para aplicar pintura al agua sobre grandes superficies. Aunque se pueden usar también con pintura al aceite, los disolventes que hay que usar para limpiarla pueden dañar la esponja. Se emplean además para pintar metal y madera.

1 △ Vierta la pintura en una cubeta para almohadillas o rodillos. Sumerja ligeramente la almohadilla manteniéndola plana. Escurra el exceso de pintura. También se puede emplear un aplicador especial.

2 ◁ Cubra la superficie al azar siguiendo unos movimientos ligeros y cruzados. No presione demasiado para que no gotee la pintura. Mójela de nuevo sólo cuando vea que no suelta casi pintura.

18 PINTAR UN TECHO

Un techo se pinta trabajando desde una escalera o plataforma de trabajo (asegúrese de que sea estable) o desde el suelo, usando un rodillo o almohadilla y un mango extensible. Si está sobre una plataforma, deje un espacio de aproximadamente 7,5 cm sobre su cabeza. Divida el techo en secciones de unos 30-45 cm de ancho y trabaje cada sección, alejándose de la fuente principal de luz.

RODILLO CON MANGO EXTENSIBLE

17

19 CINTA ADHESIVA

En el caso de que usted desee dividir una zona horizontalmente en dos colores, o pintar alrededor de un objeto, como un interruptor, resulta muy práctico pegar una cinta de baja adhesión para definir una línea recta entre las junturas de distinto color. Al decorar un zócalo, se emplea cinta en el borde del suelo para que no se pueda ensuciar de pintura. También sirve para sujetar estarcidos a una pared (*véanse pp. 36-37*).

CINTA ADHESIVA

1 Trace la línea divisoria de los dos colores con un lápiz blando y una regla. Compruebe la alineación de la horizontal con un nivel o una plomada.

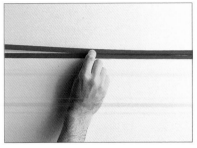

2 Aplique la cinta a lo largo de la línea procurando que siga visible el trazo del lápiz. Si la línea divisoria es vertical, pegue la cinta en el extremo más apartado.

3 Aplique la pintura desde la mitad de la cinta hacia abajo con un pincel. Después de trabajar la zona colindante, pinte el resto de la superficie con una brocha grande.

4 Cuando haya terminado de pintar y la pintura esté completamente seca, retire la cinta. La cinta de baja adhesión evita que la pintura se desprenda.

20 ENCHUFES E INTERRUPTORES

Los apliques eléctricos pueden quitarse de la pared, pero si lo hace, siempre debe desconectar la corriente primero. Separe la placa del interruptor con la ayuda de un destornillador o un cuchillo romo. Luego pinte la parte descubierta. Otra solución más fácil es pintar alrededor de los apliques sin girarlos. Para hacer esto, pegue cinta en los bordes del aplique y pinte a su alrededor.

PINTE CON CUIDADO ALREDEDOR DE LA CINTA

21 PINTAR DETALLES

Los detalles de madera y yeso, como las molduras, las cornisas y los rodapiés deben pintarse con una brocha pequeña o un pincel de bellas artes. Pinte el color de fondo con una brocha de 25 mm y luego retoque los detalles con un pincel. Mantenga el pulso firme, apoyando la mano en un palo. Emplee cinta adhesiva (*véase p. opuesta*) para mantener una línea recta entre dos colores.

APOYE LA MANO EN UN PALO

22 PINTAR SEGURO

La seguridad es muy importante; lea las instrucciones de los fabricantes en las etiquetas antes de empezar a decorar y lleve las prendas de protección necesarias.

■ Muchos disolventes que se emplean para limpiar los utensilios desprenden gases tóxicos. Asegúrese que la estancia en la que trabaja está ventilada.

■ El aguarrás, el alcohol desnaturalizado y la trementina son substancias peligrosas si se inhalan, se tragan o entran en contacto con la piel.

■ Es aconsejable no comer, beber ni fumar mientras se pinta.

■ Mantenga la pintura y los disolventes fuera del alcance de los niños y los animales domésticos.

■ Póngase una máscara protectora cuando trabaje con pigmentos.

■ Algunas pinturas y disolventes irritan la piel, es aconsejable protegerse con guantes.

■ Si pinta por encima de la cabeza, lleve gafas y colóquese en una base estable y segura.

PINTAR MADERA

23 PREPARAR UNA MADERA DESNUDA

Cuando esté planeando pintar madera hay que prever que puedan ser necesarias varias capas de pintura. Primero, lije las partes ásperas y limpie el polvo con un trapo sin pelusa humedecido con aguarrás. Después selle los nudos con goma laca o tapaporos. Cuando se seque, aplique una capa de imprimación y cuando ésta se seque a su vez, lije y aplique un par de manos de capa base.

Tapaporos Imprimación Capa base Capa final

24 PINTAR LA MADERA DESNUDA

Normalmente la madera se pinta con pintura al aceite. Como ésta desprende gases tóxicos, hay que tener la estancia bien ventilada. Cuando se seque la capa base, lije y limpie. Para obtener un buen acabado, aplique una o dos capas finales.

1 Sujete una brocha pequeña como si fuera un bolígrafo y trace unas líneas verticales. Trabaje con segmentos de 30 cm².

2 Sin cargar la brocha con más pintura, una las líneas verticales con brochazos horizontales que las atraviesen.

3 Termine con brochazos verticales. Recargue la brocha antes de empezar por el siguiente sector. Empiece por el borde húmedo.

25 REPINTAR LA CARPINTERÍA

Lave y lije la madera vieja y pintada antes de repintar. Si la pintura está en mal estado, es mejor decaparla antes de repintar.

1 Lave la superficie. Si está áspera, líjela con un papel de lija de grano mediano. Pásele un trapo humedecido con aguarrás.

2 Pinte la capa final sobre la superficie limpia. Si el color es diferente, aplique una capa base, déjela secar y repinte.

26 ALISAR ENTRE CAPAS

Compruebe la superficie después de cada mano. Al pintar, es inevitable que en la superficie pintada húmeda queden cerdas, partículas de polvo y otras suciedades. Si detecta imperfecciones, lije la superficie entre capas.

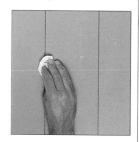

1 Cuando se seque, inspeccione la zona por si hay imperfecciones. Alísela con un taco de corcho envuelto en papel de lija fino.

2 Pase la palma de la mano por la superficie para comprobar si está lisa. Quite el polvo con una brocha.

3 Frote la zona con un trapo húmedo sin pelusa para quitar los restos de suciedad. Cuando la superficie se seque, repíntela.

27 ENTRE HABITACIONES

Para pintar una puerta y un marco entre
dos habitaciones de distintos colores, haga lo siguiente.
Abra la puerta y sitúese en una estancia (A).
Pinte el borde de la cerradura, la parte adyacente
del marco, el dintel y la parte delantera de la puerta.
Abra la puerta al máximo para que se vean las bisagras
y sitúese en la otra estancia (B). Pinte del otro color
la arista de las bisagras, la parte plana del dintel
y la parte delantera de la puerta.

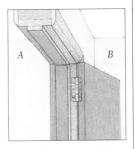

PUERTA DE DOS COLORES

28 BARNIZAR LA MADERA

La madera pintada y sin pintar gana con
un par de capas de barniz. Además, la protege del desgaste
natural. Se vende en acabados brillantes, satinados y mates.
Para darle color, use un barniz pigmentado. Prepare
la madera desnuda de la misma manera que para
los esmaltes (*véase p. 20*).

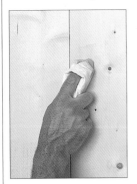

1 Vierta un poco de barniz en un cubo y moje en él un trapo sin pelusa. Extienda el barniz en la madera siguiendo la veta. Espere a que se seque (hasta 12 horas).

2 Frote ligeramente la superficie con un taco de corcho envuelto en papel de lija fino. Limpie las partículas de suciedad con un trapo impregnado de aguarrás.

3 Aplique otra capa de barniz con una brocha limpia. Cuando se seque, lije la superficie y límpiela. Puede aplicar varias manos de barniz.

29 PROCESO PARA PINTAR PUERTAS

La regla general para pintar una puerta es empezar por arriba e ir bajando. Pinte la parte lisa con una brocha de 50 o 75 mm, y el marco y los detalles con una más pequeña. Siga la secuencia numerada y deje el marco para lo último.

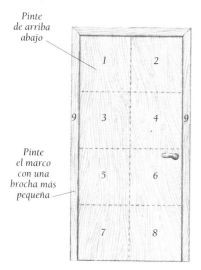

Pinte de arriba abajo

Pinte el marco con una brocha más pequeña

Cubra los paneles con cinta adhesiva si tienen que ser distintos que el marco

PINTAR PUERTAS LISAS
Empiece por arriba y vaya bajando en franjas horizontales estrechas procurando que las puntas contiguas se fundan bien.

PINTAR PUERTAS CON PANELES
Pinte primero los paneles y luego el marco. Si los pinta con un acabado especial, emplee cinta adhesiva o una plantilla protectora.

30 PINTAR LOS ZÓCALOS

Dado que, por regla general, la mayoría de los zócalos están sujetos a un considerable desgaste, es esencial que se protejan con un acabado duradero, como la pintura al aceite. Para proteger el suelo de pintura, pegue una tira de cinta adhesiva o coloque un cartón debajo del zócalo. Para proteger la pared, enganche el cartón sobre el zócalo. Pinte con trazos horizontales utilizando una brocha de 50 mm. Aplique un par de manos de barniz.

EL CARTÓN PROTEGE EL SUELO

31 PROCEDIMIENTO PARA VENTANAS

Pinte las ventanas a primeras horas del día para no tener que dejarlas abiertas toda la noche para que se sequen. Los esmaltes tardan varias horas en secarse.

Ponga cinta adhesiva alrededor de los bordes del cristal, dejando un espacio de 2 mm entre el marco y la ventana; la pintura, al rebasar el cristal, protegerá el marco de la lluvia.

Deje las partes metálicas sin pintar o píntelas de negro

VENTANA DE BISAGRAS ▷
Pinte los rebajos y largueros (1), travesaños (2), canto con bisagras y montante de colgar (3), montante de encuentro (4) y marco (5).

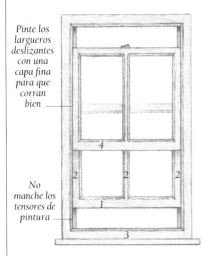

Pinte los largueros deslizantes con una capa fina para que corran bien

No manche los tensores de pintura

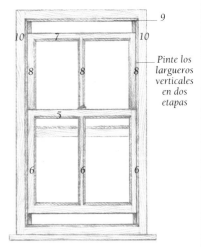

Pinte los largueros verticales en dos etapas

VENTANAS DE GUILLOTINA △
Invierta los marcos superior e inferior. Pinte el travesaño de encuentro (1), largueros (2), largueros deslizantes y marco (3), travesaño y su parte inferior (4).

Cuando se seque, invierta los marcos. Pinte un travesaño (5), largueros delanteros (6), otro travesaño (7), largeros de atrás (8), plafón, largueros superiores, detrás del tensor (9) y el marco (10).

32 PROBLEMAS Y SOLUCIONES

Mantenga limpios los utensilios y la pintura.
Las superficies deben estar limpias, secas
y sin polvo. La pintura debe estar recién
colada y aplicarse siempre sobre una
primera mano compatible. Para que los
botes de pintura queden bien cerrados,
coloque un trozo de madera sobre la tapa
y déle martillazos. Guarde brochas,
almohadillas y rodillos en un sitio fresco,
envueltos en un trapo sin pelusa o papel.

ZONAS OSCURECIDAS
*Rasque la zona
afectada, lije, aplique
tapaporos y repinte
cuando se seque.*

LÁGRIMAS Y GOTEOS
*Deje secar la pintura.
Frote con papel de
lija, limpie el polvo y
vuelva a pintar.*

ARRUGAS
*Ocurren cuando se
aplica la pintura
antes de que se seque
la primera mano.*

IMPUREZAS
*Si la pintura seca tiene
impurezas, lijela, cepille
y limpie la superficie
cuando esté seca.*

BURBUJAS
*Decape la pintura,
prepare la superficie,
dé una primera mano
y repinte.*

MAL CUBIERTO
*Si se transparenta
la capa base, aplique
otra mano de pintura
plástica.*

ESCAMAS
*La superficie no
se ha preparado bien.
Decape, prepare la
superficie y repinte.*

MANCHAS
*Cubra la superficie
pintada con sellador
de aluminio y vuelva
a pintar.*

GRIETAS
*Ocurren con pinturas
no compatibles. Decape
y prepare la superficie.
Vuelva a pintar.*

INSECTOS
*Si la pintura está seca,
lije y vuelva a pintar
la zona. Si no lo está
quítelos con la brocha.*

ACABADOS

33 UTENSILIOS Y MATERIALES

Un método sencillo y efectivo de decorar
pintando es crear superficies con textura. Hay utensilios
y materiales que son de uso diario, como el trapo,
y otros que son de especialistas, como la cera.

PINCEL
PARA RASTRILLAR

SUAVIZADOR

BROCHA
DE ESTARCIDO

PALETINA
DE PELO CORTO

BLANCO
DE ESPAÑA

TREMENTINA

ACEITE
DE LINAZA

SECANTE

BROCHA
ANCHA

CEPILLO
DE PÚAS

PINCEL
JASPEADOR

△ INGREDIENTES DEL BARNIZ TRANSPARENTE
*Uno de los métodos más sencillos consiste
en suavizar lo pintado con una pátina.*

△ BROCHAS Y PINCELES
*Emplee una brocha dura o blanda según
el acabado. Algunas se emplean para
salpicar y otras para puntear.*

BOLSA
DE PLÁSTICO

PAÑO SIN
PELUSA

ÓLEOS

COLORES
EN POLVO

CERA
CÁLCICA

△ PAÑOS Y ESPONJAS
*Se logra una gran
variedad de acabados
con trapos, esponjas
y bolsas.*

ESPONJA

△ PIGMENTOS Y CERAS
*Los pigmentos dan color al barniz transparente.
La cera cálcica es para la madera veteada.*

34 HACER BARNIZ TRANSPARENTE DE COLOR

Aplicar un barniz coloreado a una superficie es una excelente manera de suavizar el tono y complementar el color subyacente. Se puede comprar un barniz transparente de fábrica y añadirle pigmento, o elaborarlo uno mismo.

MEZCLA DE LOS INGREDIENTES
Para obtener un litro, mezcle 0,6 litros de trementina, 0,3 litros de aceite de linaza hervido, 0,2 litros de secante y una cucharada sopera de blanco de España.

PIGMENTACIÓN
Mezcle aguarrás y color hasta obtener el matiz deseado. Añada un poco de barniz y póngale más aguarrás y color para alcanzar la tonalidad deseada.

35 APLICAR EL BARNIZ

Aplique barniz a una superficie mate. Cuando se seque, cúbrala con una o dos capas de barniz. El barniz transparente se puede trabajar durante 1/2 - 1 hora. Prepare una superficie lisa y déle dos manos de pintura satinada.

1 Con una brocha, aplique el barniz en todas las direcciones sobre una superficie de 1 m² cada vez.

2 Extienda el barniz mediante una paletina de pelo corto lo más uniformemente posible.

3 Para alisar el barniz use un suavizador. Si es necesario, quite los pelos desprendidos con un paño.

36 ESPONJA PARA PINTAR

Esta técnica confiere a una superficie un aspecto suave y moteado. Se logra tamponando una esponja (preferiblemente una esponja marina de calidad) impregnada de barniz transparente coloreado. Se pueden aplicar barnices de varios colores, según el acabado deseado.

ESPONJA NATURAL

▽ **EL EFECTO**
Un esponjado suave contribuye a crear una atmósfera acogedora y relajante.

1 Prepare la superficie con un par de manos de barniz mate. Déjela secar. Vierta el barniz en una cubeta para rodillo y sumerja una esponja.

Escurra el exceso de barniz de la esponja y apriétela contra la rampa de la cubeta. Si no sabe lo impregnada que debe estar, haga una prueba sobre un tablón.

Tampone la esponja contra la pared para crear un aspecto moteado. Varíe la presión para crear un efecto. Escurra el barniz sobrante en un trapo. Selle con un barniz mate.

37 ESPONJA PARA DIFUMINAR

Este efecto de acabado crea un color más opaco que el anterior de la esponja. Prepárese para aplicar dos capas de barniz mate.

Mezcle el barniz hasta obtener la textura de una crema espesa. Pinte en zonas pequeñas de 2 x 1 m para evitar que el barniz se seque antes de que le aplique la esponja.

Impregne la esponja de aguarrás, escúrrala y tampónela sobre el barniz transparente para quitar parte de la pintura. Cuanto más pintura saque, más tenue será el acabado.

38 RASTRILLADO

Alise la superficie y luego cúbrala con una o dos manos de barniz mate. Seguidamente, aplique el barniz transparente coloreado sobre la pintura en franjas verticales de 60 cm de ancho. Cuando esté aplicado el barniz, coja un pincel para rastrillar y arrástrelo verticalmente por la pared hacia abajo. El color de la pintura mate se verá a través del barniz. Mientras trabaja, vaya secando el exceso de barniz de la brocha con un trapo. Use la brocha con firmeza.

ARRASTRE EL PINCEL HACIA ABAJO

39 TRAPEADO

Esta técnica del trapeado crea un motivo indefinido. Aplique una capa de barniz mate a una superficie preparada. Extienda el barniz transparente. Con un trapo arrugado en la mano, golpee la superficie quitando barniz. Al cabo de 30 minutos pásele un suavizador para difuminar el efecto.

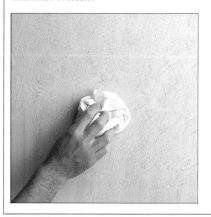

△ EL EFECTO GENERAL
El trapeado crea un efecto muy sutil. El color y el motivo de una superficie acabada deben parecer suavemente difuminados.

◁ SUAVIZAR EL EFECTO
Con esta técnica se suaviza el color dos veces. Primero con un trapo sin pelusa y luego con las puntas de un suavizador.

40 EL TRAPO ENROLLADO

La técnica de acabado que consiste en pasar un trapo enrollado sobre una superficie debidamente preparada proporciona un aspecto añejo e informal. En primer lugar, prepare la superficie y aplique una capa de barniz mate. El barniz transparente coloreado debe aplicarse con una brocha ancha en zonas pequeñas porque es muy importante trabajar deprisa. Se necesitarán varios trapos sin pelusa o una gamuza.

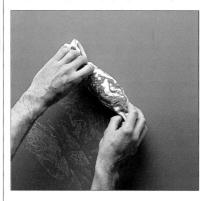

1 Impregne el trapo o gamuza en aguarrás. Escurra y enróllelo. Luego hágalo rodar ligeramente sobre el barniz transparente coloreado.

2 Hágalo rodar en varias direcciones para crear un efecto irregular. Cuando el trapo esté cubierto de pintura, cámbielo por uno nuevo.

41 LA BOLSA

Esta técnica crea una apariencia muy texturada. Prepare la superficie con una capa de barniz mate y extienda el barniz transparente, trabajando en secciones de aproximadamente 2 m². Meta un trapo enrollado en una bolsa de plástico y pásela por la superficie siguiendo un motivo como, por ejemplo, círculos superpuestos. Si es necesario, escurra el exceso de barniz de la bolsa. Cuando se haya secado la pintura, proteja la superficie con una capa de barniz mate.

ESTAMPE CON LA BOLSA

42 PUNTEADO

Para crear el acabado punteado, se requiere un utensilio especial llamado cepillo de puntear. Empiece pintando la superficie con una capa de barniz mate y mezcle el barniz transparente hasta que quede cremoso.

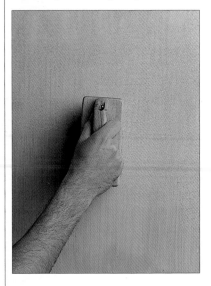

1 ◁ Trabaje en zonas de 1 m². Golpee la pared con el cepillo de puntear para crear un moteado. Procure que el cepillo no resbale por la pared.

2 ▽ Para crear un recubrimiento uniforme quizá deba cubrir las áreas adyacentes. Vaya secando el barniz transparente del cepillo en un trapo.

43 PINTURA TEXTURADA

Un aspecto texturado también se puede crear con una pintura especial para texturar y un rodillo de espuma. Prepare la superficie con una capa base indicada. Extienda con el rodillo la pintura texturada en la pared con movimientos amplios y superpuestos. Como generalmente viene blanca de fábrica, si desea añadirle color, espere a que se seque y luego aplique una capa de pintura plástica de color. La textura se seguirá viendo.

PINTURA TEXTURADA APLICADA CON RODILLO

44 AGUADA SOBRE PAREDES

La aguada en una pared crea una atractiva textura similar al temple. Primero prepare la pared con una capa de pintura plástica opaca y luego píntela con pintura plástica diluida.

COLOR MOTEADO ▷
La aguada crea un efecto similar al temple. Está particularmente indicada para superficies desiguales como el yeso agrietado, en que crea una gran textura.

1 Diluya la pintura plástica en agua; la proporción de pintura y agua depende del tipo de pintura. Experimente con proporciones entre 4:1 y 9:1, emulsión por agua. Aplíquela en zonas pequeñas de 1 m². Pásele una brocha húmeda para suavizarla.

2 Aplique la segunda capa cuanto la primera esté seca. Píntela como la primera, con una brocha ancha en zonas pequeñas. Si la pintura gotea, siga pasándole la brocha. Cuando se seque, termine con una capa de barniz mate para proteger la superficie.

45 AGUADA SOBRE MADERA

Decape y lije la madera para preparar la aguada de color (*véase p. 20*). Diluya una cantidad de pintura plástica de manera que penetre debajo de la superficie de la madera. Para comprobar su consistencia pinte sobre una zona reducida.

1 Aplique generosamente la pintura plástica diluida con una brocha ancha. Siga la dirección de la veta, cubriendo la madera en zonas reducidas a la vez.

2 Cuando la pintura esté casi seca (compruebe una zona), frótela suavemente con un trapo sin pelusa para revelar el veteado.

3 Deje secar la pintura una noche y compruebe si le gusta la tonalidad. Si es demasiado tenue, apliquele otra mano. Seguidamente lije con papel de lija fino.

4 La última etapa consiste en limpiar la madera. Pase una paletina de pelo corto seca por toda la superficie y luego frote con un trapo húmedo.

46 ENCALAR MADERA

El encalado da realce a las superficies de madera dándoles un suave tono blanquecino y también descubriendo el veteado. Para esta técnica, se necesita cera cálcica, selladora, un cepillo de púas y un estropajo metálico.

1 Antes de aplicar la cera cálcica, es necesario abrir la veta de la madera. Frote la madera con un cepillo de púas siguiendo la veta.

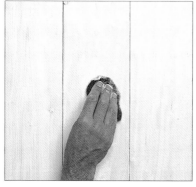

2 Ponga cera cálcica en el estropajo metálico y frote la veta con él haciendo movimientos circulares. Trabaje por zonas de 1 m³ cada vez.

3 Cuando se seque la cera (al cabo de unos minutos) frote con un paño impregnado de selladora para eliminar la cera sobrante. Pula la superficie con un paño sin pelusa.

PANELES ENCALADOS EN EL BAÑO
El encalado confiere a la madera una apariencia tenue y enfatiza la veta.

47 ESTARCIDO

Se trata de una forma sencilla de decorar paredes, suelos y muebles con motivos repetidos. La plantilla se elabora con cartón de estarcido o una lámina de acetato y el color se aplica con una brocha especial. Se puede estarcir toda una zona o sólo una cenefa.

1 Cuando vaya a elegir un motivo para el estarcido, tenga en cuenta los colores que desea utilizar ya que cada uno requiere una plantilla. Copie el dibujo sobre papel vegetal con un lápiz blando.

△ **ESTARCIDOS HECHOS**
En las tiendas especializadas venden un gran surtido de plantillas para estarcidos.

▽ **FUENTES DE INSPIRACIÓN**
Los modelos de referencia se pueden encontrar en libros, revistas y estampados textiles.

△ **EFECTO DEL ESTARCIDO**
Emplee los estarcidos para cubrir todo un lienzo de pared en lugar de empapelarla o para crear acabados especiales como un friso o una cornisa.

2 Déle la vuelta al papel vegetal y péguelo boca abajo a un cartón con cinta adhesiva. Con un lápiz más duro, resiga el contorno del dibujo presionando fuerte de forma que quede marcado en el cartón.

3 Coloque el cartón sobre una alfombrilla. Perfórelo con un cortador y tírelo hacia la cuchilla. Vaya dejando puentes para que el motivo quede sujeto (por ejemplo si el dibujo contiene un círculo dentro de otro).

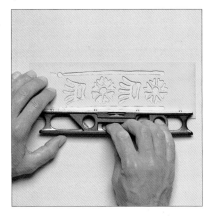

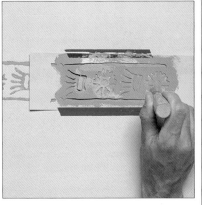

4 Con un lápiz, indique en la pared el lugar donde desea poner el dibujo. Si se trata de un friso, use un nivel para encontrar la horizontal. Sujete la plantilla con cinta de baja adhesión.

5 Sumerja la brocha de estarcido en pintura y escúrrala. Aplíquela con toques leves. Procure que la pintura no gotee sobre la pared. Puede emplear cualquier tipo de pintura.

PREPARATIVOS PARA EMPAPELAR

48 ¿POR QUÉ SE EMPAPELA?

Empapelar una pared resulta una forma sencilla de crear un motivo o color regular sobre una superficie en sólo una capa. Existe en el mercado un gran surtido de colores, motivos y materiales. Los papeles de empapelar modernos son más duraderos que los de antes, y muchos son lavables. Colocar papel de forro resulta una manera muy efectiva de cubrir las superficies que están agrietadas o desiguales antes de empezar a empapelar.

CENEFA DECORATIVA

49 ¿CUÁNTOS ROLLOS?

La siguiente tabla le indicará la cantidad de rollos de medida estándar (10 m de largo por 530 mm de ancho) que requiere. Consulte las tablas del fabricante para saber cúantos rollos necesita, si son de otros tamaños.

Rollos para la pared	Perímetro de la estancia (incluyendo puertas y ventanas)						
Altura de la pared	10 m	12 m	14 m	16 m	18 m	20 m	22 m
2,1–2,3 m	5	5	6	7	8	9	10
2,3–2,4 m	5	6	7	8	9	10	10
2,4–2,6 m	5	6	7	9	10	11	12
2,6–2,7 m	5	6	7	9	10	11	12
2,7–2,9 m	6	7	8	9	10	12	12

Rollos para el techo	Perímetro de la estancia						
metros	9–12	13–15	17–18	20–21	23–24	26–27	29–30
Cantidad de rollos	2	3	4	6	7	9	10

50 HERRAMIENTAS Y UTENSILIOS

Tenga su equipo a punto porque empapelar requiere una planificación. Procure tener bolsas de basura para tirar los trozos de papel encolado que sobran.

ESCOBA

BROCHA DE ENCOLAR

CEPILLO DE EMPAPELAR

QUITAPAPELES DE VAPOR

ESPONJA

△ CEPILLOS Y BROCHAS
El papel se sujeta en lo alto con una escoba y se alisa con un cepillo de empapelar.

TIJERAS DE EMPAPELAR

RODILLO PARA JUNTURAS

NIVEL

PLOMADA

CERILLAS

CINTA MÉTRICA

VARILLA DE MADERA

CORTADOR

△ VARIOS ÚTILES
Emplee una esponja para limpiar la cola sobrante y una varilla de madera para remover la cola y el apresto.

△ ÚTILES PARA MEDIR Y MARCAR
Le ayudarán a alinear el papel correctamente. Las cerillas sirven para marcar.

CUBETA

ESCALERA

MESA DE ENCOLAR

ADHESIVO

CUBO

ADHESIVO VINÍLICO

APRESTO

▷ ESCALERAS Y MESAS
Es muy importante trabajar con una escalera estable en la altura adecuada. La mesa de encolar también debe ser fija y nivelada.

△ COLAS Y RECIPIENTES
La cola y el apresto se mezclan en un cubo. El papel preencolado se pone en remojo en una cubeta antes de colgarse.

39

51 QUITAR EL PAPEL VIEJO

Siempre hay que colocar el nuevo papel de empapelar sobre una superficie lisa y lo ideal es encima de un papel de forro. Si el viejo papel está en buen estado, puede ponerse el nuevo encima. Sin embargo, si el viejo papel es repujado, lavable, vinílico o metálico, tiene que quitarlo. Antes de quitar el viejo papel, retire estanterías, cuadros, cortinas y persianas, pero deje los apliques eléctricos y los colgadores. Una vez haya arrancado el papel, limpie y rasque ligeramente la superficie para eliminar los restos de la antigua cola.

1 Perfore el viejo papel usando el canto afilado de una espátula. No use un cuchillo para quitar el papel porque puede mellar la pared. Haga cortes por toda la superficie.

3 Al cabo de un minuto, el papel debería desprenderse fácilmente de la pared. Arranque el papel. Cuando lo haya arrancado todo, rasque la pared para quitar los restos de cola antigua.

2 Si humedece el papel previamente perforado, le será más fácil quitar el papel de la pared. Divida la pared en secciones y empape el viejo papel de cada sección con la ayuda de una esponja y agua caliente.

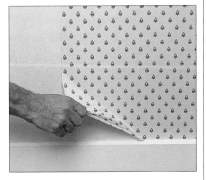

PAPEL VINÍLICO
Se quita fácilmente arrancando la tira de papel de la pared.

52 Con vapor

Si usted tiene que quitar el papel pintado viejo de una superficie, se recomienda usar un quitapapeles de vapor, los hay de varios tamaños. Con un quitapapeles de vapor no se necesita mojar el papel pintado. Perfore el papel con el canto afilado de una espátula y mantenga el quitapapeles de vapor sobre la superficie. A medida que el papel se vaya desprendiendo, vaya arrancándolo con una espátula. Trabaje la pared sección a sección.

EL VAPOR DESPRENDE EL PAPEL

53 Aprestar las superficies

Antes de colocar el papel, prepare la superficie de la pared con una capa de apresto. Consulte las instrucciones del fabricante para asegurarse de que compra un apresto compatible con el papel elegido. Aplíquelo sobre la pared seca con una brocha ancha limpia. Si el apresto salpica el parquet, aunque parezcan gotas pequeñas límpielo enseguida con un trapo húmedo.

APLIQUE APRESTO A UNA SUPERFICIE PREPARADA

54 Preparar la cola

Las instrucciones del fabricante del papel le especificarán qué tipo de cola debe usar. Llene un cubo de agua fría y añada la cola en polvo, siguiendo sus instrucciones. Mezcle la cola y el agua con una varilla de madera. Alunos tipos de colas deben reposar.

DILUYA LA COLA POR COMPLETO

55 SECUENCIA DE TRABAJO

Empiece por el techo y luego la carpintería. Si la superficie está mal, empapélela con papel de forro. Seguidamente haga las paredes. Marque una línea vertical del techo al suelo como guía para alinear la primera tira de papel. Ponga el papel de forro. Proceda a partir de la fuente principal de luz. Termine en una arista, cerca de una puerta donde quede disimulado si el papel no encaja.

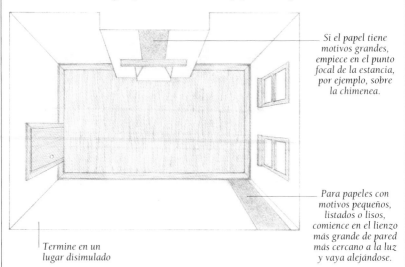

Si el papel tiene motivos grandes, empiece en el punto focal de la estancia, por ejemplo, sobre la chimenea.

Para papeles con motivos pequeños, listados o lisos, comience en el lienzo más grande de pared más cercano a la luz y vaya alejándose.

Termine en un lugar disimulado

56 EL PAPEL DE FORRO

El papel de forro se utiliza para recubrir las superficies desiguales en las paredes y los techos antes de pintar o empapelar. Se puede conseguir en distintos espesores. El papel de fibra gruesa, que no es propiamente un papel de forro, es muy resistente y puede usarse para recubrir las paredes que estén en muy mal estado. Los papeles de forro más tupidos están más indicados para ponerlos en los techos.

- Si luego va a pintar la pared, elija un papel de forro blanco.
- Emplee uno más ligero para superficies no absorbentes.
- El papel de forro de espesor mediano sirve para superficies normales.
- Elija un papel de forro pesado como base para el papel pintado grueso o vinílico.
- Emplee un papel oscuro como base para revestimientos muy pesados como el papel pintado de terciopelo.

57 PLANIFICACIÓN

Es fundamental hacerse
un plan de trabajo antes de empezar.
En especial, recuerde que tendrá que
esperar a que se seque por completo el
papel de forro antes de que pueda
empezar a aplicar el papel pintado.

- El papel de forro tarda hasta
12 horas en secar; no empiece a
encolar el otro demasiado pronto.
- Asegúrese de que compra
un papel de forro adecuado para los
requerimientos de la superficie.
Es aconsejable que consulte antes las
instrucciones del fabricante.
- Procure comprar el apresto y la cola
compatibles con el adhesivo aconsejado
para el papel pintado (*véase p. 57*).

*El papel de forro se pega
paralelamente a la ventana
o principal fuente de luz.*

△ REVESTIR TECHOS
*Si el techo está en muy mal estado, aplique
una capa de papel de forro y una segunda,
perpendicular a la primera.*

*Al colgarlo de manera
horizontal se evita que
las juntas de las dos
capas coincidan*

*Empiece del
techo y prosiga
hacia abajo*

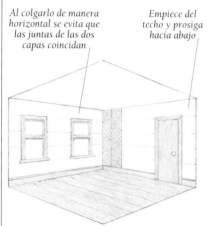

△ TIRAS HORIZONTALES
*Normalmente el papel pintado se pega
verticalmente. Para que no coincidan las juntas,
el papel de forro puede ponerse horizontalmente.*

*Cuelgue un medio ancho
de papel de forro donde
debe ir la primera tira
de papel pintado*

△ TIRAS VERTICALES
*Para que las juntas del papel de forro y del
pintado no coincidan, empiece pegando un
medio ancho de tira del primero.*

58 MEDIR Y CORTAR EL PAPEL

La primera tarea preparatoria consiste en medir y cortar el papel de forro para el techo. Tomar las medidas con exactitud y cortar con precisión es esencial. Necesitará un cordel entizado para hacer las marcas que le servirán para alinear las tiras debidamente. Si consigue un ayudante, la tarea le será más fácil. Para señalar las medidas en el papel de forro deberá usar el borde de una regla o una escuadra.

1 Mida el ancho de papel y réstele 1 cm. Señálelo en los lados opuestos del techo. Tense el cordel entizado entre ambos puntos y apriételo contra el techo para dejar una marca.

2 Mida el largo del techo por la línea marcada de tiza. Márquelo en una tira de papel de forro, cerca de un extremo, añadiéndole 5 cm de cada lado para el saliente.

3 Usando el canto de una regla o de una escuadra, trace una raya a lo ancho del papel de forro. Cuidadosamente, corte siguiendo esta línea, con unas tijeras largas de cortar papel de empapelar.

4 Si el largo del techo permanece constante con su ancho, use esta primera tira de medida para las demás tiras de papel. Si no, tome las medidas una a una y vaya numerando las tiras.

59 APLICAR LA COLA

Se emplea el mismo método para aplicar y extender la cola en el papel de forro que en el pintado.

Coloque el papel en la mesa de encolar. Los lados deben sobrepasar la mesa. Póngale un peso encima.

1 Aplique la cola en el centro del papel con una brocha de encolar a intervalos de 1 m.

2 Extienda la cola desde el centro hacia el extremo. Utilice una generosa cantidad de cola.

3 Cuando la mitad del ancho está encolado, recargue la brocha y extienda la cola por la otra mitad.

60 DOBLAR EL PAPEL

Si está trabajando con un trozo de papel muy largo, doble el papel después de haberlo encolado para sea más manejable. Procure siempre tener mucho cuidado de no arrugar los pliegues pues luego se podrían convertir en marcas en el papel.

1 △ Doble el papel en acordeón de unos 30 cm de ancho, encarando las partes encoladas. No arrugue los pliegues. Ponga los pliegues a un lado y encole la siguiente sección de la tira de papel.

2 ◁ Siga encolando y vaya doblando toda la tira de papel. Deje una pequeña parte sin doblar al extremo. Será lo que pegará primero.

PEGAR EL PAPEL DE FORRO

61 TECHOS

Monte una plataforma de trabajo de manera que queden 10 cm de separación entre su cabeza y el techo. Construya un andamio del mismo largo que el papel. Coloque la plataforma directamente debajo de la línea de referencia (*véase p. 44*). Aplique apresto en la parte del techo que corresponda a la primera tira (*véase p. 41*). El papel se puede sujetar en lo alto con una escoba (un par de manos extra le serían de gran ayuda). Sostenga el acordeón de papel en la arista del techo y alinee el borde largo de papel con la marca de tiza.

1 Presione el papel en la arista dejando una lengua de 5 cm en los lados de la pared.

2 Alise el papel, desdoble otro pliegue, alinéelo con la marca de tiza y alíselo del centro hacia fuera.

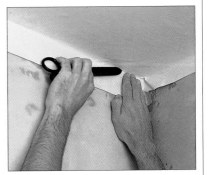

3 Pase la punta redonda de unas tijeras por la lengüeta para formar un pliegue en el papel.

62 EL PAPEL SOBRANTE

Cuando el papel esté doblado en el rincón de la pared y el techo, trabaje bien las lengüetas para que el papel de encima no quede arrugado.

1 ▷ Haga un corte en diagonal respecto a la arista del techo. Solape los extremos para que las lengüetas se ajusten en la misma. Marque el pliegue con un lápiz.

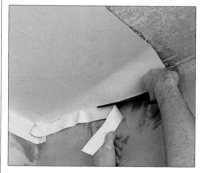

2 Coja la lengüeta y vaya tirando a medida que va cortando por la marca del lápiz con unas tijeras de empapelar.

3 Aplane el papel con un cepillo de empapelar. Repita la operación para la siguiente tira.

63 ALISAR LAS JUNTURAS

Cuando coloque el papel de forro, procure que los bordes de las tiras de papel se ajusten entre sí. Cuando el papel esté en la pared, aplane las junturas con un rodillo. Si quedan algunos huecos, tápelos con masilla flexible. Esto debe hacerlo cuando haya terminado de empapelar. Siga las instrucciones del fabricante al aplicar la masilla y use una espátula ancha, que pueda sujetar en la línea de juntura.

PASE EL RODILLO PARA JUNTURAS

64 ACCESORIOS ELÉCTRICOS

Cuando se trabaja con accesorios eléctricos, las medidas de seguridad son obviamente muy importantes. Desconecte siempre la corriente antes de aplicar apresto alrededor de un enchufe o interruptor. Antes de empezar, retire la bombilla y la lámpara y cubra el portalámparas con cinta adhesiva. La tarea será más fácil si alguien le sostiene el papel con una escoba mientras usted va recortando el papel alrededor del portalámparas. También le harán falta unas tijeras afiladas.

1 Empapele por encima del portalámparas. Corte en forma de cruz sobre él.

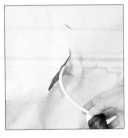

2 Tire del cable cuidadosamente a través del orificio. Aplane el papel con un cepillo de empapelar hacia el portalámparas.

3 Con unas tijeras afiladas, haga una serie de cortes en forma de V en la lengüeta, alrededor del portalámparas.

4 Corte con mucho cuidado alrededor de la lengüeta con un cortador y limpie la cola sobrante con un trapo húmedo.

65 FORRAR PAREDES

Si su idea es pegar papel pintado encima del papel de forro, coloque el papel de forro horizontalmente. Mida las paredes, corte el papel, encólelo y dóblelo en manejables pliegues en acordeón (*véanse pp. 44-45*). Prepare la pared con apresto (*véase p. 41*) y coloque la primera tira de papel adyacente al techo. Vaya desdoblando el papel sección tras sección y deslizándolo en su sitio correspondiente.

TIRAS HORIZONTALES

PONER EL PAPEL

66 TOMAR MEDIDAS

Como muchos papeles pintados resultan caros, cuando lo compre asegúrese de que el color y el motivo concuerdan en todos los rollos que compra. Mida la altura de la pared del techo al suelo y añada 10 cm para las lengüetas superior e inferior. Ponga el papel en la mesa y desenróllelo. Marque la primera tira y córtela con unas tijeras de empapelar (*véase p. 44*). Si las paredes son regulares, corte varias tiras a la vez.

EMPLEE TIJERAS DE EMPAPELAR

67 CASAR MOTIVOS

Coloque el papel de manera que el estampado quede hacia arriba. Case los motivos de las tiras adyacentes. Recuerde que debe procurar dejar papel para las lengüetas. Numere la tira y en el dorso del papel indique la dirección en que debe ir colocada. Cuando todas las tiras estén colocadas y numeradas, póngalas a un lado. Coja la primera y colóquela sobre la mesa con el estampado hacia abajo. Encólela (*véase p. 45*).

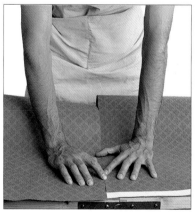

CASE LOS MOTIVOS ENTRE TIRAS

68 ¿POR QUÉ PLEGAR EL PAPEL?

El papel se dobla para que las tiras, sobre todo si son largas, resulten más manejables. Procure plegarlo sin que se arrugue.

69 COLOCAR Y ALISAR

Marque una línea vertical en la pared con el cordel entizado que le sirva de guía para alinear la primera tira de papel. Aplique apresto a la pared.

1 Doble el papel en secciones de 1 metro. Las partes encoladas deberían quedar encaradas entre ellas. Procure no manchar el lado estampado con cola.

1 Acerque el borde superior de la tira al techo, dejando una lengüeta de 5 cm. Pase el cepillo desde el centro hacia arriba aplanando el papel.

2 Para terminar el proceso, deje una lengua de papel de 70 cm en el borde de la sección inferior de la tira. Doble la lengua con las caras encoladas juntas.

2 Desdoble cada pliegue, alisando el papel hacia la pared y alineándolo a la marca vertical de la plomada. Deje que cuelgue la lengua inferior doblada.

70 LENGÜETA SUPERIOR

Para que las puntas superior e inferior del papel pintado queden impecables, siga los siguientes pasos. Si el techo tiene un acabado no lavable, haga la lengüeta más pequeña que la de abajo para que la cola no lo manche.

1 Pase el canto redondo de unas tijeras por el ángulo entre la pared y el techo para marcar un pliegue en el papel.

2 Tire del borde superior del papel y corte por la línea del pliegue. Márquela antes con un lápiz para que le sirva de referencia.

3 Con cepillo de empapelar, encaje el borde superior del papel con el techo. Quite el exceso de cola con una esponja húmeda.

71 LENGÜETA INFERIOR

Mientras despliega el papel en acordeón, debe tener mucho cuidado de no dejar la lengua inferior de manera que se pueda pegar accidentalmente a la pared. Para evitarlo, manténgala plegada hasta que vaya a trabajar con ella.

1 Desdoble la lengua inferior del papel. Alinee el borde inferior para que quede paralelo al zócalo o al suelo.

2 Empuje el papel hasta el borde del zócalo. Doble la lengüeta y córtela. Alise el papel en su sitio con el cepillo.

3 Elimine el exceso de cola con una esponja húmeda. Como ya hizo en la pared fije los bordes con el rodillo de junturas.

72 EMPAPELAR LAS ARISTAS

Empapelar una arista exterior no es tan difícil como puede parecer al principio. Pegue la tira de papel de modo que sobrepase la arista y luego péguele encima un trozo de papel más estrecho.

Si usa papel vinílico, embadurne la lengüeta con adhesivo vinílico para que el trozo que añada quede pegado. Siempre es mejor ocultar el trozo en una parte de la pared que no se vea.

1 Pase con mucho cuidado el papel alrededor de la arista exterior con un cepillo de empapelar pero no lo aplane.

2 Pase el pulgar y el índice por la arista para doblar el papel. Marque una línea del techo al suelo a 2,5 cm de la arista.

3 Corte de arriba abajo el papel por la línea con un cortador. Guíe el cortador apoyándolo en el canto de una regla.

4 Desprenda con mucho cuidado el trozo cortado de la pared. Déjelo sobre la mesa de encolar porque lo necesitará luego.

5 Alise la lengüeta con el rodillo de junturas. Aplique más apresto a la pared y, si es necesario, más cola en la lengüeta.

6 Pegue el trozo a la pared. Procure casar los motivos. Alise el papel con un cepillo y la juntura con un rodillo.

73 EMPAPELAR LOS RINCONES

Empapelar los rincones interiores presenta problemas similares a empapelar las aristas exteriores. Pegue el papel sobrepasando el rincón y cubra la lengüeta con un trozo. Es importante que la primera línea vertical sea recta. Compruébelo con un nivel de burbuja. Si la primera tira de papel no está bien puesta, el fallo puede irse repitiendo en el resto de la habitación.

1 Mida la distancia entre la última tira y el rincón, añadiéndole 2,5 cm. Corte un trozo de papel de esta anchura.

2 Pegue la tira cortada de manera que se alinee y encaje con la última tira. Alise el papel hacia la el rincón.

3 Pase un rodillo de arriba abajo por toda la lengüeta para fijarla a la pared. Limpie la cola del rodillo enseguida.

4 Mida el ancho del trozo cortado y añádale 5 mm. Marque la pared en distintos puntos para formar una vertical.

5 Coloque el nivel contra los marcos de lápiz para comprobar que forman una vertical. Encole el trozo cortado.

6 Alinee el borde externo del trozo con la vertical. Emplee esta línea como punto de partida para el resto de la estancia.

74 ALREDEDOR DE LOS INTERRUPTORES

Retire todos los accesorios de pared como los ganchos de los cuadros y las estanterías antes de empapelar. Las cerillas le serán muy útiles para marcar los agujeros de los tornillos. Retire los tornillos y meta una cerilla en su lugar. Pegue el papel encima de la cerilla y empújelo para perforarlo. Cuando seque, retire la cerilla y vuelva a colocar el tornillo.

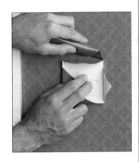

1 Desconecte la corriente general y cubra con cinta adhesiva el interruptor antes de aplicar el apresto. Cuando haya empapelado la zona, marque firmemente el contorno con un cepillo.

2 Con un cortador, practique cortes en diagonal desde el centro a las aristas. Doble con cuidado las pestañas de papel hacia fuera del interruptor.

3 Corte las pestañas de papel con un cortador. Alise el papel alrededor de la placa del interruptor con un cepillo. Elimine los restos de cola antes de volver a dar la corriente.

75 DETRÁS DE LOS INTERRUPTORES

Siga los pasos 1 y 2 (*arriba*). Afloje la placa del interruptor. Destornille y separe la placa con un destornillador aislante, dejando un hueco de 5 mm entre la pared y la placa. Empuje con mucho cuidado el papel detrás de la placa y alíselo con un cepillo de empapelar. Vuelva a ajustar la placa en su sitio y quite los restos de cola. No emplee nunca esta técnica si el papel pintado contiene metal.

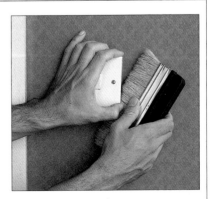

ALISE Y CEPILLE DETRÁS DEL INTERRUPTOR

76 ALREDEDOR DE LOS MARCOS

Para empapelar los alrededores de una puerta
o ventana, tiene que cortar trozos de papel para
que encaje en el marco. Al medir el papel, deje
siempre que sobresalga una lengüeta de papel de
aproximadamente 3 cm. Apreste la pared y ajuste
una tira de papel encolado en la juntura de la pared
y el marco. Aplane el papel sobre la madera con los
dedos para resaltar el contorno de la moldura.
Si la cola empieza a secarse antes de que haya
acabado el trabajo, añada más.

1 Alise el papel hacia la
juntura con un cepillo
de empapelar.

2 Corte el papel siguiendo
cuidadosamente el
contorno de la moldura.

3 Recórtelo hasta que pueda
encajar el papel en el
primer relieve de la moldura.

4 Practique varios cortes
hacia el siguiente relieve
de la madera.

5 Empuje el papel hasta
el borde del marco con
los dedos.

6 Doble hacia atrás el
papel y corte siguiendo
el contorno de la moldura.

7 Alise el papel usando
el cepillo para encajarlo
en el borde.

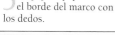

77 DETRÁS DE LOS RADIADORES

En la mayoría de casos, resulta más fácil empapelar detrás de un radiador empotrado en la pared siguiendo uno de los siguientes métodos indicados a continuación, que retirar el radiador. Se pueden emplear una o dos tiras de papel.

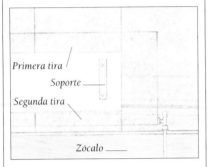

Primera tira

Soporte

Segunda tira

Zócalo

△ **DOS TIRAS**
Pegue una tira desde el techo al soporte que sujeta el radiador y otra de éste al zócalo.

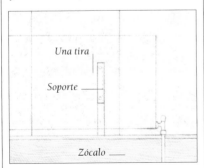

Una tira

Soporte

Zócalo

△ **UNA SOLA TIRA**
Mida la distancia entre el zócalo y el borde superior del soporte y recorte una ranura de esa medida en la tira.

78 EL TOQUE FINAL

Las cenefas decorativas —como las cornisas, los ribetes o los rodapiés— confieren un buen acabado a una estancia empapelada.

1 Utilice un nivel de burbuja para marcar la línea donde piensa pegar la cenefa. Corte la cenefa en tiras manejables.

2 Aplique cola de empapelar y una cenefa y dóblela en acordeón como haría con el papel (*véase p. 45*).

3 Pegue el borde superior del friso y vaya desplegando el acordeón, alisando al mismo tiempo con un cepillo de empapelar.

79 PROBLEMAS Y SOLUCIONES

La mayoría de defectos que suceden en una superficie empapelada son debidos a una preparación inadecuada de la superficie, cola o apresto insuficiente o el uso de una cola o apresto incompatibles. El papel vinílico que se vende ya encolado, es fácil de colgar y resulta mucho más manejable para el decorador poco experimentado. La mayoría de defectos pueden rectificarse sin tener que arrancar el papel. Sin embargo, a veces aparecen manchas de humedad o de puntos marrones (que pueden indicar la presencia de hongos que pueden hacer necesario arrancar el papel).

BURBUJAS
Perfore con un cortador. Aplique cola detrás de la abertura. Alise con un cepillo y elimine los restos de cola.

JUNTURAS LEVANTADAS
Separe la juntura con un cuchillo y aplíquele cola con una brocha pequeña. Aplánela con un rodillo.

MANCHAS BRILLANTES
Si aparecen manchas brillantes en la superficie de un papel mate, frótelas con una bola de miga de pan tierno.

ARRUGAS
Corte la arruga con un cortador afilado o una cuchilla de afeitar, aplique más cola y aplane con un rodillo hasta que desaparezca.

MOTIVOS MAL ENCAJADOS
Son de difícil solución aunque pueden disimularse procurando que terminen en un lugar discreto.

RELIEVE APLANADO
No emplee rodillo con papel en relieve. Use un trapo húmedo para apretar los bordes: así no se aplanarán.

MANCHAS DE HUMEDAD
Las manchas de humedad no suelen deberse al empapelado sino a humedades en la pared. Consulte a un especialista.

PUNTOS MARRONES
Suelen indicar un defecto en la pared. Arranque el papel, trate la humedad y aplique una cola fungicida.

PREPARATIVOS PARA ALICATAR

80 LO QUE SE NECESITA

La mayoría de los utensilios para alicatar una pared son baratos, con la excepción de los que se utilizan para cortar, que pueden conseguirse en tiendas de alquiler de herramientas.

ADHESIVO

MEDIAS CERILLAS

ESPÁTULA DENTADA

SEPARADORES DE PLÁSTICO

PALETÍN

LISTÓN

LÁPIZ FINO

ESCUADRA

MARTILLO DE CARPINTERO

NIVEL DE BURBUJA LARGO

△ MEDIR Y ALINEAR
Los azulejos se colocan con un listón y se alinean correctamente con un nivel y una escuadra.

△ ALICATAR
Se requieren estos utensilios para poner y extender el adhesivo y separar los azulejos.

PISTOLA DE SILICONA

VARILLA

ESPONJA

TALADRADORA

LECHADA PREPARADA

SIERRA DE AZULEJOS

ALICATES

LIMA DE AZULEJOS

TENAZAS

CORTADOR DE AZULEJOS

△ HERRAMIENTAS PARA CORTAR
Los alicates se emplean para cortar, la lima para alisar los cantos y las tenazas para las puntas.

△ ACABADO
Con la lechada se rellenan los huecos entre los azulejos y con la silicona se sellan las junturas entre superficies.

81 CÁLCULO DE LAS CANTIDADES

Mida el largo y ancho de la superficie por alicatar y multiplique una medida por otra. Para determinar la cantidad de azulejos requerida para una zona determinada, consulte la tabla siguiente (la cantidad dependerá del tamaño del azulejo). Si no está usando azulejos de formas cuadradas sino de formas especiales haga un escantillón (*véase p. 61*) para saber la cantidad que necesita.

Tamaño del azulejo	Área por alicatar en metros cuadrados					
	1	2	3	4	5	6
5 x 5 cm	400	800	1200	1600	2000	2400
7 x 7 cm	204	408	612	816	1020	1224
10 x 10 cm	100	200	300	400	500	600
15 x 15 cm	44	87	130	174	217	260
20 x 20 cm	25	50	75	100	125	150
30 x 30 c m	12	23	34	45	56	67

82 PREPARAR LAS SUPERFICIES

Es muy importante preparar bien la superficie porque si no se notarán las imperfecciones. La superficie tiene que estar seca e igualada. Rellene los agujeros (*véase p. 11*) y si está en mal estado, vuelva a enyesarla. Es esencial que esté seca la superficie: los azulejos no se pegan bien cuando hay manchas húmedas. Procure elegir la lechada y el adhesivo indicados para el azulejo.

PINTURA
Rasque la pared con un papel de lija grueso y elimine la pintura desconchada con una rasqueta.

PAPEL PINTADO
Arranque el papel pintado y el de forro. Rellene los huecos y deje la superficie lo más lisa posible.

AZULEJOS
Retírelos con un cincel y una maceta. Vuelva a enyesar la superficie antes de alicatarla.

83 BUSCAR LA HORIZONTAL

Uno de los pasos preliminares más importantes para el buen alicatado es asegurar la correcta alineación de los azulejos. Nunca asuma que los bordes de ventanas, suelos y zócalos están nivelados.

Un nivel de burbuja o una plomada le ayudarán a colocar los azulejos en hileras verdaderamente horizontales y verticales. Empiece siempre alicatando por abajo y proceda hacia arriba.

1 Coloque el azulejo contra el borde superior del zócalo. Clave un listón sobre él con un solo clavo, dejando un poco de espacio para poner la lechada. Nivélelo hasta encontrar la horizontal.

2 Sujete el nivel sobre el listón para comprobar su alineación. Fije ligeramente el listón en su sitio con clavos separados. Si está alicatando sobre una capa ya existente de azulejos, sujete el listón con tornillos.

3 Deslice un azulejo a lo largo del espacio que ha quedado entre el listón y el zócalo. Marque el borde superior del azulejo en la pared en el punto más corto y retire el listón.

4 Trace una línea horizontal en la marca. Clave el listón en la pared de manera que el borde superior quede alineado con la línea. Empiece a alicatar sobre esta línea. Quizá tenga que cortar azulejos.

84 HACER UNA REGLA

Para calcular la cantidad de azulejos que se necesitan para el largo vertical se emplea una regla especial. Para hacer esta regla de alicatar, coloque un listón junto a una fila de azulejos, dejando espacio para la lechada. Marque el ancho de los azulejos. Cuando haya establecido un punto para empezar (*véase paso 3, p. 60*), coloque la regla sobre la marca y proceda hacia arriba.

MARQUE EL ANCHO DE LOS AZULEJOS EN EL LISTÓN

85 PREPARATIVOS PARA ALICATAR

Coloque una hilera de azulejos enteros en el suelo o en una superficie horizontal directamente debajo de la zona por alicatar. Deje espacio entre cada azulejo para la lechada. Es posible que no pueda rellenar toda la zona con azulejos enteros. Procure tener azulejos cortados del mismo ancho en cada extremo (*véase p. 63*).

1 Marque el borde del primer azulejo en la superficie superior del listón. El alicatado empezará en este punto. Trace la vertical a la marca con un cordel entizado. Si la pared no va toda cubierta, marque dónde se acaba el alicatado.

2 Sujete otro listón contra la pared de manera que el canto interior quede alineado con la vertical de la pared y la marca en el listón horizontal. Afiance ligeramente el listón a la pared con clavos en intervalos de 10 cm.

ALICATAR UNA PARED

86 AZULEJOS ENTEROS

Cuando están colocados los dos listones (*véanse* pp. 60-61), puede empezar a alicatar. Pero compruebe que están bien fijados. Antes de empezar a alicatar coloque una escuadra en la arista y, si no encaja bien, es decir, si la arista no forma exactamente un ángulo recto, ajuste los listones, y asegúrese de que quedan bien fijados. No los quite hasta que haya acabado la parte central y esté a punto de alicatar el perímetro, para el cual va a necesitar quizá azulejos cortados. Reserve los azulejos defectuosos para usarlos cuando necesite los azulejos cortados. Consulte las instrucciones del fabricante para elegir el adhesivo adecuado. Separe los azulejos con separadores de plástico o medias cerillas.

1 Utilice un paletín para aplicar el adhesivo por secciones de 1 m².

2 Extiéndalo de manera uniforme con una espátula dentada sostenida a un ángulo de 45° de la pared. Los surcos crean un efecto de succión.

3 Comience por la arista y vaya alicatando, insertando separadores para que los azulejos queden colocados de manera uniforme.

4 Espere 12 horas antes de retirar los listones. Aplique la lechada sobre los separadores (si ha empleado cerillas, quítelas).

87 MARCAR UN AZULEJO

Antes de cortar un azulejo, debe marcarlo.
Empiece trazando una línea a lo largo en el borde del azulejo
con un marcador de tinta indeleble. Apoye la escuadra sobre
la línea marcada y con cuidado pase el extremo del cortador
por la superficie esmaltada del azulejo, de arriba abajo con un
movimiento firme. También puede utilizarse la rueda cortante
de unos alicates de marcar y cortar. También en este caso,
utilice el borde de una escuadra como guía.

CORTADOR DE AZULEJOS

88 CORTAR UN AZULEJO

Después de marcar, rómpalo sobre dos
cerillas o emplee unos alicates. Ambos métodos
cortarán al azulejo de forma nítida.

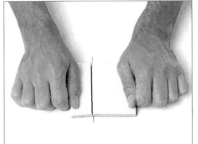

△ CERILLAS
*Coloque dos cerillas sobre una superficie firme
y el azulejo encima. Presione hacia abajo.*

◁ ALICATES
*Pellizque con la herramienta la línea del
azulejo. Una los mangos.*

89 RETOCAR UN AZULEJO

Los bordes de los azulejos cortados pueden
pulirse con unas tenazas. También puede utilizar unas
tenazas para recortar una pequeña zona del azulejo
en lugar de cortarlos. Primero marque el azulejo
asegurándose que traspasa la superficie vidriada.
Vaya cortando virutas hasta la muesca marcada
y lime el borde: frote el canto cortado con la lima,
limpiando el polvo de la lima de vez en cuando.

RECORTE DEL AZULEJO

90 CORTAR LÍNEAS CURVAS

A veces es necesario cortar una curva en un azulejo para que encaje con tuberías y bañeras. Para obtener un buen resultado son fundamentales una sierra de azulejos y un tornillo de banco. Después de cortarlo, pula los cantos con una lima.

1 Corte papel del tamaño del azulejo y practique una serie de muescas para que encaje en la curva. Marque la curva en el papel.

2 Corte por la línea curvada y tendrá una plantilla de papel. Coloque esta plantilla sobre el azulejo. Trace la curva con un marcador.

3 Resiga el contorno con el cortador. Coloque el azulejo en el tornillo y corte la línea marcada con la sierra. No haga demasiada fuerza.

91 ARISTAS Y RINCONES

Coloque los azulejos enteros en el borde frontal y los azulejos cortados en la parte anterior de los huecos.

Cuando aplica adhesivo en los azulejos cortados es más fácil extenderlo en la superficie que alicata que en el azulejo.

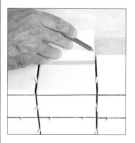

1 Marque dónde se solapa con la última fila de azulejos enteros. Deje un espacio para la lechada y corte de modo que encaje.

2 Alise los cantos con una lima. Sitúe el azulejo de forma que el canto cortado quede disimulado en la arista y conseguir un buen resultado.

ARISTAS
Comience por la parte menos visible de la arista con los bordes vidriados del lado más visible.

92 RELLENE CON LECHADA

Cuando esté seco el adhesivo (tarda aproximadamente
12 horas), rellene los espacios entre los azulejos con
lechada. Existen diferentes tipos de lechada aconsejables.
Algunas son resistentes al agua y otras completamente
impermeables. Consulte las instrucciones para asegurarse
que compra la clase adecuada para su uso particular.
Si la compra en polvo, deberá diluirla con agua; también
se comercializa ya preparada y viene en tubos. Trabaje
por zonas de 1 m² y constantemente vaya limpiando
los restos de la lechada antes de que se seque.

1 Extienda la lechada
en los huecos con una
espátula flexible.

2 Rellene bien las
junturas y limpie los
restos con una esponja.

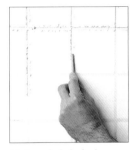

3 Cuando la lechada va
endureciendo, pase una
varilla por las junturas.

4 Limpie los restos y
pula la superficie con
un trapo suave y seco.

93 APLICAR SELLADOR

Cuando la lechada esté seca (consulte
el envoltorio para el tiempo de secado)
aplique el sellador de silicona donde la zona
alicatada se une con otra superficie. Aplique
el sellador con el tubo o con una pistola.
Asegúrese de que rellena el hueco. Pase
un dedo mojado por donde ha puesto
la silicona para alisarla y limpie los restos
con un paño húmedo.

RELLENE EL HUECO ENTRE LOS AZULEJOS Y EL BAÑO

94 COLOCAR ACCESORIOS

Si quiere colgar un accesorio en una superficie alicatada, necesitará una taladradora eléctrica y brocas, y naturalmente, necesitará hacer un agujero en la pared para colocar el tornillo. También le hará falta un rollo de cinta adhesiva, un lápiz, un marcador y, si es posible, alguien que le sostenga la boca de una aspiradora debajo del orificio mientras usted está taladrando. Una vez estén hechos los agujeros, hunda los tacos en la pared y no sólo en los azulejos: si no están bien afianzados, caerán.

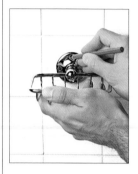  

1 Sostenga el accesorio contra los azulejos. Marque el punto superior por taladrar con un lápiz blando. (Si fija un tornillo y cuelga el accesorio, podrá marcar los demás orificios.)

2 Haga el orificio inicial con un utensilio afilado como la punta del cortador de azulejos. Presione la punta firmemente sobre la marca y gire el cortador para hacer un agujero.

3 Pege un trozo de cinta adhesiva sobre el orificio para que la taladradora no resbale. Marque la cinta y taladre el azulejo lentamente. Presione ligeramente y taladre la pared.

95 LIMPIAR LOS AZULEJOS

Limpie los azulejos pasándoles por encima un paño húmedo. Mantener limpia la lechada puede resultar más difícil. Puede empezar a perder color enseguida, sobre todo si está en la cocina y el baño. De vez en cuando, la lechada se descompone o le sale moho en las partes húmedas. La lechada, normalmente durará más si emplea la clase adecuada: por ejemplo, use lechada impermeable para la zona de la ducha.

- Limpie la suciedad de la lechada con un cepillo de dientes viejo y detergente mezclado con agua templada.
- Mejore el aspecto de la lechada sucia con una capa de blanqueador.
- Si la lechada está muy dañada, rásquela y cámbiela.
- Aplique un fungicida y luego un blanqueador a la lechada con moho, o rásquela y reemplácela por una nueva.

LIMPIEZA

96 LIMPIAR DE PINTURA PLÁSTICA

Para limpiar las brochas correctamente siga las instrucciones del fabricante. Generalmente, la pintura plástica se limpia con facilidad. Rasque los grumos de pintura de la brocha con la punta roma de un cuchillo. Seguidamente ponga la brocha bajo un chorro de agua templada, mientras va separando lentamente las cerdas y va poniendo especial atención en que el lomo de la brocha queda limpio. Al final añada detergente, enjuague la brocha y sacúdala con fuerza.

CERDAS BAJO UN CHORRO DE AGUA TEMPLADA

97 LIMPIAR DE ESMALTE

El barniz es lo más difícil de quitar de los utensilios porque no es soluble al agua. Emplee aguarrás, trementina o parafina.

Tome medidas de precaución cuando use estos disolventes porque muchos desprenden gases tóxicos (*véase p. 19*).

1 Frote y restriegue la brocha sobre un periódico para que salga la pintura. Sumérjala en disolvente y remueva.

2 Limpie la brocha con detergente y agua tibia, enjuague y sacúdala. Quite los restos de disolvente.

98 CUIDADO DE LAS BROCHAS

Proteja las brochas cuando está aún pintando pero no las utiliza. Para guardarlas temporalmente, perfore el mango de la brocha, pásele un alambre y suspéndala en un tarro de agua o envuelva las cerdas con papel de aluminio. Cuando estén limpias y secas, guárdelas planas con una goma elástica alrededor de las cerdas. Envuélvalas en papel o en un trapo sin pelusa.

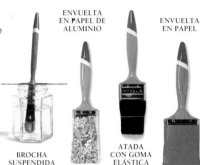

ENVUELTA EN PAPEL DE ALUMINIO

ENVUELTA EN PAPEL

BROCHA SUSPENDIDA

ATADA CON GOMA ELÁSTICA

99 LIMPIEZA DE RODILLOS Y ALMOHADILLAS

Lo ideal es limpiar las almohadillas y rodillos inmediatamente después de su uso. Como suelen usarse con pintura plástica, se limpian fácilmente. Para que duren hay que guardarlos en un sitio seco y ventilado, envueltos en papel o en un trapo sin pelusa. No use disolventes, como el aguarrás, con las almohadillas porque pueden dañarlas. Quite la pintura con agua tibia y detergente. Pueden usarse disolventes con los rodillos.

△ QUITAR LA PINTURA
Para quitar la pintura del rodillo o almohadilla, hágalo rodar sobre varias capas de papel de periódico. Vaya cambiando las capas para que el rodillo no vuelva a absorber la pintura.

△ ENJUAGADO FINAL
Retire el manguito del tambor si es necesario y limpie con un disolvente. Lave el rodillo, el manguito o la almohadilla con agua templada y detergente. Enjuague y sacuda para secarlo.

100 LIMPIAR DE COLA

Limpie siempre los útiles de empapelar antes de guardarlos. Algunos útiles que han estado en contacto con la cola de empapelar deben limpiarse tan pronto como los haya usado. Vaya eliminando los restos de cola de los rodillos de junturas, las tijeras y cepillos de empapelar con un trapo limpio y húmedo. Limpie los cepillos sucios con detergente y agua templada. Sacuda el exceso de agua y guárdelos en un lugar seco.

LIMPIE CON AGUA TEMPLADA Y DETERGENTE

101 LIMPIAR LOS ÚTILES PARA ALICATAR

Es fundamental limpiar los útiles de alicatar inmediatamente después de su uso porque el adhesivo para alicatar seca muy rápido. Siga las instrucciones del fabricante del adhesivo respecto a su limpieza. La mayoría de adhesivos y selladoras pueden lavarse con agua templada sin usar detergente. Debe dejar secar las herramientas antes de guardarlas. Al enjuagar las herramientas, procure no atascar las cañerías con restos de lechada o adhesivo.

△ ENJUAGUE CON AGUA
Lave el paletín y la espátula dentada con agua. Después de secar la hoja metálica de la llana, úntela de aceite para evitar que se oxide.

△ EMPAPE A FONDO LAS ESPONJAS
Enjuague la esponja con agua para quitar el adhesivo y la lechada. Empápela varias veces para eliminar bien los restos. Déjela secar antes de guardarla.

ÍNDICE ALFABÉTICO

AGRADECIMIENTOS

A **Dorling Kindersley** le gustaría dar las gracias
a Julia Pashley por reunir las fotografías, a Hilary Bird por
confeccionar el índice, a Ann Kay por la revisión de las pruebas,
a Gloria Horsfall y Murdo Culver por su asesoramiento en el diseño y
a Mark Bracey por su asesoramiento informático.

Fotografía
CLAVE: *a*: arriba; *b*: abajo; *c*: centro; *i*: izquierda; *d*: derecha
Todas las fotografías son de Tim Ridley, excepto:

Robert Harding Syndication/IPC Magazines Ltd.
Nick Carter 35*bd*; J. Merrell 33*ad*; Trevor Richards 36*bd*;
Peter Woloszynski 2 y 30*cd*; 28*b*.

Colin Walton: 3.

Ilustraciones
Andrew MacDonald